Christel van Dieken

Im Farbrausch

Werkstattheft 3

Mit Farben gestalten

HERDER

FREIBURG · BASEL · WIEN

Eine Werkstatt für eigene Ideen

Dieses Heft bietet den Leserinnen und Lesern Einblicke in eine Werkstatt voller Ideen zum Thema Gestalten mit Farben. Nicht das fertige, perfekte Produkt steht hier im Mittelpunkt. Anregungen zum schöpferischen Arbeiten mit Kindern und eine Fülle von Tipps und Tricks machen den Werkstattcharakter aus. Vielfältige Materialien sollen neugierig machen und lassen ungewöhnliche Einfälle entstehen, die schnell und unkompliziert umgesetzt werden können. Dieses anregende Werkstattgeschehen bietet einen Einblick in die Materialfülle, die mögliche Arbeitsstätte, das Werkzeug und verschiedenste Hilfsmittel, unterschiedliche Techniken und nicht zuletzt handwerkliche Kniffe, denn getreu dem Motto „Handwerk hat goldenen Boden" nehmen die Fähigkeiten und Fertigkeiten handwerklicher Kompetenz eine wichtige Stellung ein.
Doch auch altbewährtes „Handwerk" darf sich nicht mit dem Reproduzieren von ewig gleichen Mustern zufrieden geben, es muss wandlungsfähig sein, muss neue Produkte erfinden und entwickeln können. Erfindungsreichtum und Fantasie, Mut zum Experiment und die Fähigkeit, Neues auszuprobieren, eigene Vorstellungen zu entwickeln und unbekannte Wege zu gehen sind also genauso gefragt.
Bei der Weiterentwicklung oder Erfindung neuer Produkte und der Umsetzung eigener Ideen ist Kreativität gefordert. Aber auch kreatives Denken und Handeln will gelernt und geübt sein. Sich auf ein Abenteuer einzulassen, dessen Ende ungewiss ist, entspricht nicht althergebrachten Verhaltensweisen, es erweitert aber den Horizont, das Vertrauen in die eigenen Fähigkeiten. Als hilfreich und anregend in diesem Sinne verstehen sich die Werkstatthefte.

Was das Werkstattheft leistet

Zusammenfassend werden mit dem Werkstattcharakter zwei Hauptaspekte bzw. Themenfelder deutlich.
1. Handwerkliches Können, Techniken, Bedingungen und Voraussetzungen, Arbeitsplatzgestaltung, Werkstatteinrichtung, Materialbearbeitung, -beschaffung und -lagerung, Werkzeugpflege und Aufbewahrung, Hilfsmitteldepot und Kleidung.
2. Kreative Fähigkeiten mit ihren Möglichkeiten „über den Tellerrand zu schauen", Einblicke in schöpferische Prozesse zu erhalten, alle Veränderungen im Entstehungsprozess eines Werkes zu verfolgen, kurz: einen Blick in die „kreative Hexenküche" zu werfen.
Der Werkstattaspekt des Heftes bietet also die Möglichkeit, die kreative Entwicklung von Produkten und deren Ausgestaltungsprozesse mühelos zu verfolgen. Durch diese anschauliche Teilhabe werden eigene Ideen angeregt und deren Verwirklichung angestoßen.
Beobachten, wie ein Werk entsteht, heißt, den ganzen Prozess von der kleinsten Idee bis zur Fertigstellung zu verfolgen. Dabei findet ein

Inhalt

ganzheitliches Erleben statt, wenn das Material in all seinen Erscheinungsformen und Eigenheiten dargestellt wird und die Möglichkeiten der Bearbeitung und Gestaltung umfassend ausgelotet werden. Diese ganzheitliche Arbeitsweise steht in angenehmem Kontrast zu den üblicherweise zerstückelten Handlungs- und Erlebniseinheiten, denen sich Erwachsene wie Kinder heutzutage meist ausgesetzt sehen. Eine Fülle von Tätigkeiten und Handlungen werden beim Gestalten vorgenommen und alle Sinne sind dabei miteinbezogen. Ein Werk entsteht durch Umformen, Verändern, Verwandeln, Abändern, Ergänzen, Verwerfen, Neukonzipieren, Konstruieren, Ansetzen, Überdenken, Analysieren ... und wenn es schließlich fertiggestellt ist, sollte auch das Begutachten und Würdigen nicht zu kurz kommen.

Nicht das Nacharbeiten gemäß einer Vorlage oder Schablone ist das Anliegen des Heftes, sondern die vielfältigen und ungewöhnlichen Materialien. Sie bilden die Grundlage kreativen Gestaltens. Nicht nur das fertige Produkt zählt, sondern die originelle Idee oder der spontane Einfall laden zum schöpferischen Experimentieren ein.

Werkstatteinrichtung

Wenn wir mit den Kindern lustvoll und kreativ mit Farbe arbeiten wollen, benötigen wir einen Raum, der das zulässt. D. h. es muss die Möglichkeit zum Schmieren, Klecksen, Experimentieren gegeben sein. Dazu gehören Tische ebenso wie ein Fußboden, die Farbe vertragen können. Notfalls muss alles mit einer stabilen Folie großflächig abgedeckt werden. Es macht allen Beteiligten sehr viel Stress, wenn genau darauf geachtet werden muss, dass kein Farbklecks am Ende des „Farbrausches" mehr zu sehen sein darf. Sehr hilfreich ist ein Wasseranschluss direkt im Arbeitsraum. Manche der Aktivitäten können auch nach draußen verlegt werden. Die Arbeitskleidung für die Kinder muss gewährleisten, dass sie nach der Aktion keinen Ärger mit den Eltern bekommen. Hier halte ich es für sehr sinnvoll, einen Fundus an gebrauchten Kinderhosen und T-Shirts und eine Sammlung alter Herrenoberhemden zur Verfügung zu haben. Für die Arbeit mit Farbe brauchen die Kinder die Möglichkeit, in verschiedenen Körperhaltungen zu arbeiten: am Tisch sitzend oder stehend, auf dem Bauch liegend, großformatig auf dem Boden oder an der Wand malend. Staffeleien und Malwände für mehrere Kinder sind beliebte Arbeitsplätze.

Es regt die Arbeit mit Farbe sehr an, wenn die Kinder im Raum vielerlei farbige Verbrauchsmaterialien finden. Diese können dann farblich sortiert in offenen Regalen ausgestellt und präsentiert werden. Das regt zur Nutzung und zum Ausprobieren an, und so können die Kinder schon anhand der Regalsortierung bestimmte Farbzuordnungen und -nuancen erkennen.

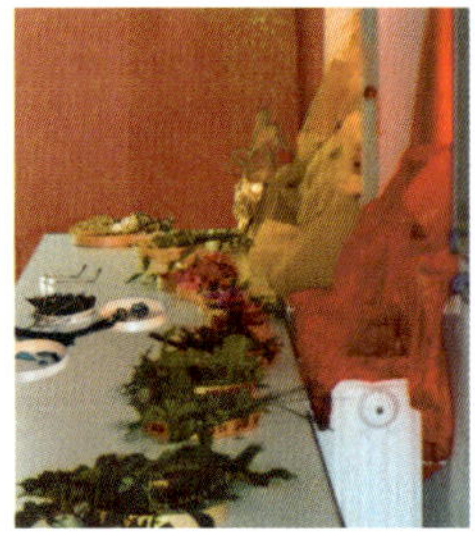

Ebenso kann man gemeinsam mit den Kindern eine Sammlung von farbigen Materialien als „Farbmuseum" im Raum ausstellen, die vielleicht als ständige Ausstellung stehen bleiben darf und jederzeit ergänzt werden kann.

So wird das Thema auch über einen längeren Zeitraum bei den Kindern wach und präsent gehalten. Die ausgestellten Materialien sind zunächst einmal nicht zur Verarbeitung gedacht, sondern zum Staunen, Fantasieren und Nachdenken.

Pinsel sollten ausreichend und in guter Qualität vorhanden sein. Hier sind verschiedene Materialien und Größen wichtig, damit die Kinder auch die Wirkung unterschiedlichen Werkzeugs erproben können.

Farbe sollte auch in vielen unterschiedlichen Formen vorhanden sein:

• Temperafarben sind deckende Farben, die es als feste (müssen mit Wasser verdünnt werden) oder pastose (breiige) Farben zu kaufen gibt.

• Dispersionsfarben, z. B. Gouache-Farben, Fingerfarben, Acrylfarben etc., eignen sich gut zum großflächigen Malen.

• Aquarellfarben sind transparente Farben; sie eignen sich besonders für ganz kleine Kinder, weil sie das Experimentieren mit Farbe in hohem Maße anregen, durch die wundervollen Effekte, die entstehen, wenn das Wasser und die Farben ineinander verlaufen.

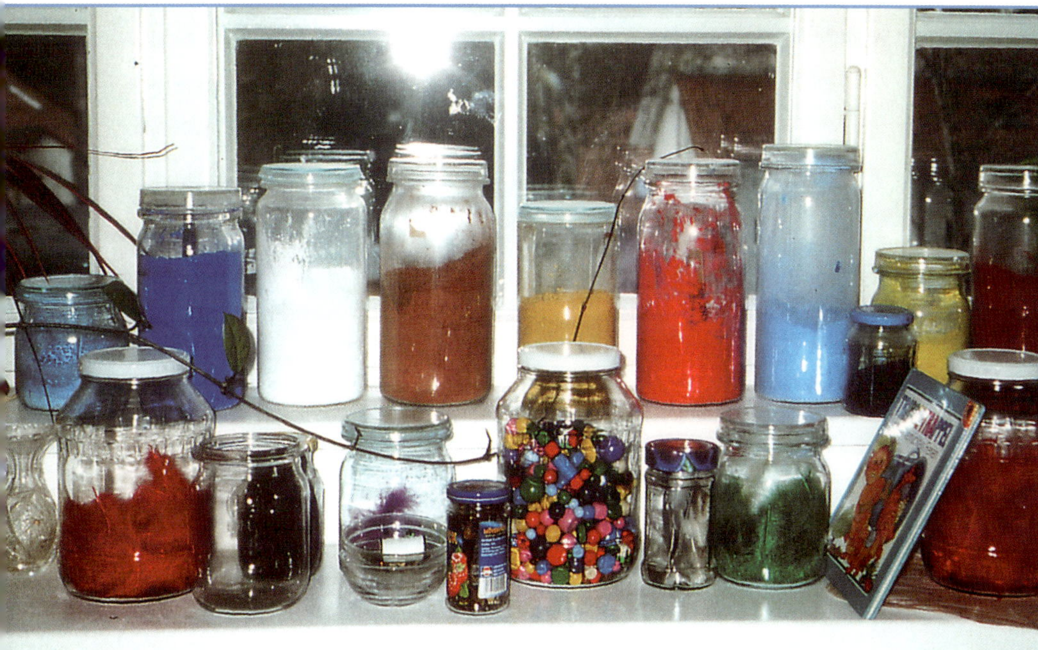

Die in der Regel bekannten und auch benutzten

- Tuschen und Tinten
- Farbstifte
- Kohlestifte
- Pastellkreiden
- Öl- und Wachsmalstifte
- Filzstifte

sollten auch vorhanden sein.

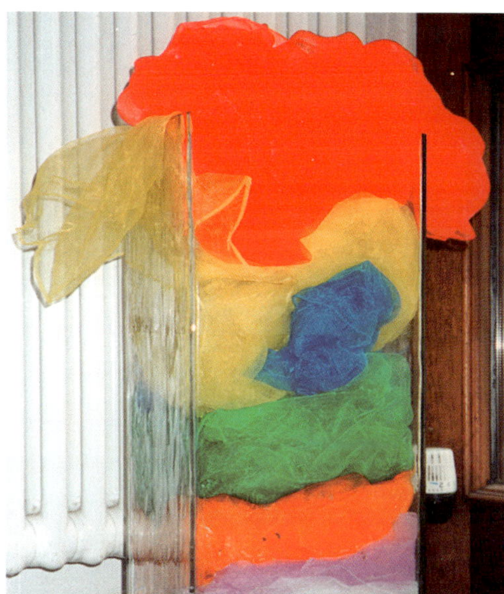

Vielleicht haben sie Lust, eine Farbecke in ihrem Gruppenraum oder einen kompletten Raum als Farbprojektraum zu gestalten. Stellen Sie Anschauungsmaterial wie Bücher, Postkarten, Fotos etc. zur Verfügung, damit die Kinder eigenständig stöbern und etwas entdecken können. Es gilt die Maxime: mit Lust und Freude ausprobieren und experimentieren.

Die Welt ist voller Farben

Kinder sind in ihrer Lebenswelt umgeben von Farben. Wir können sie dabei unterstützen, die Farbigkeit der Welt und die Bedeutung und Wirkung von Farben mit allen Sinnen lustvoll wahrzunehmen.
Schon früh verstehen Kinder, dass Farben die Möglichkeit bieten, Gefühle und Stimmungen auszudrücken (siehe Kapitel „Gefühle sind wie Farben" ab Seite 17). Hier bietet der spielerische, lustvolle Umgang mit Farben den Kindern die Möglichkeit, mit Farben als individuellem Ausdruck zu experimentieren.

„Eine gute visuelle Erziehung bewahrt Kinder vor einer passiven Haltung gegenüber einer als unveränderbar wahrgenommenen Welt. Sie dient gleichzeitig der Ausbildung eines beweglichen und produktiven, vernünftigen und bildhaften Denkens, das von einer entwickelten, reichhaltigen Emotionalität gestützt wird."

So schreibt Mara, Atelerista aus Reggio, in: Das Auge schläft, bis es der Geist mit einer Frage weckt (Dokumentation der Hamburger Ausstellung der Reggianer 1986). Hierzu bietet die Beschäftigung mit Farben vielfältige Möglichkeiten. Kinder werden dadurch in ihren Wahrnehmungs- und Ausdrucksmöglichkeiten unterstützt.
Den Alltag mit Kindern farbig zu gestalten, die vielfältigen Möglichkeiten der Farbe zu entdecken und Kinder auf ihrer Entdeckungsreise in die Welt der Farben zu begleiten – dazu will dieses Heft Anregung sein.

Wissenswertes über Farben

Im Licht sind alle Farben enthalten. Diese Entdeckung machte der Physiker Isaak Newton (1666), der herausfand, dass das Licht in der Brechung in alle Farben des Regenbogens zerlegt wird. Diesen Versuch kann man mit den Kindern ganz einfach nachvollziehen, wenn wir ein Glasprisma ins Fenster stellen. Beim Lichteinfall auf dieses Prisma entsteht der farbige Regenbogen vor unserem Auge.
Wir können Farben aufgrund komplizierter Wahrnehmungsvorgänge sehen. Farbe entsteht im „Geist des Wahrnehmenden über das Auge im Gehirn des Menschen". Die Verschiedenheit der Farben hat ihren Ursprung in unterschiedlichen Wellenlängen des jeweiligen Farbtons. Es gibt jedoch auch Licht- und Wellenfrequenzen, die wir optisch nicht wahrnehmen können, die man aber heute messen kann wie den Ultraviolett- und Infrarotbereich.
Thomas Young (1770) entdeckte, dass sich jede Farbe durch Wellenlänge und Lichtfrequenzen messen lässt. Die Maßeinheit, die er hierfür festlegte, sind Nanometer.

Neben diesen Theorien über die physikalischen Gesetzmäßigkeiten gab es Farbtheoretiker, die sich mit der geistigen, emotionalen und psychologischen Wirkung von Farben beschäftigten. Goethe spricht von der „sinnlich sittlichen Wirkung von Farben" und Rudolf Steiner benennt „das Wesen und die Seele von Farben". Johannes Itten, der Lehrer am Bauhaus in Dessau und Weimar war, bezog sich auf den Farbkreis von Goethe, differenzierte ihn aber noch.

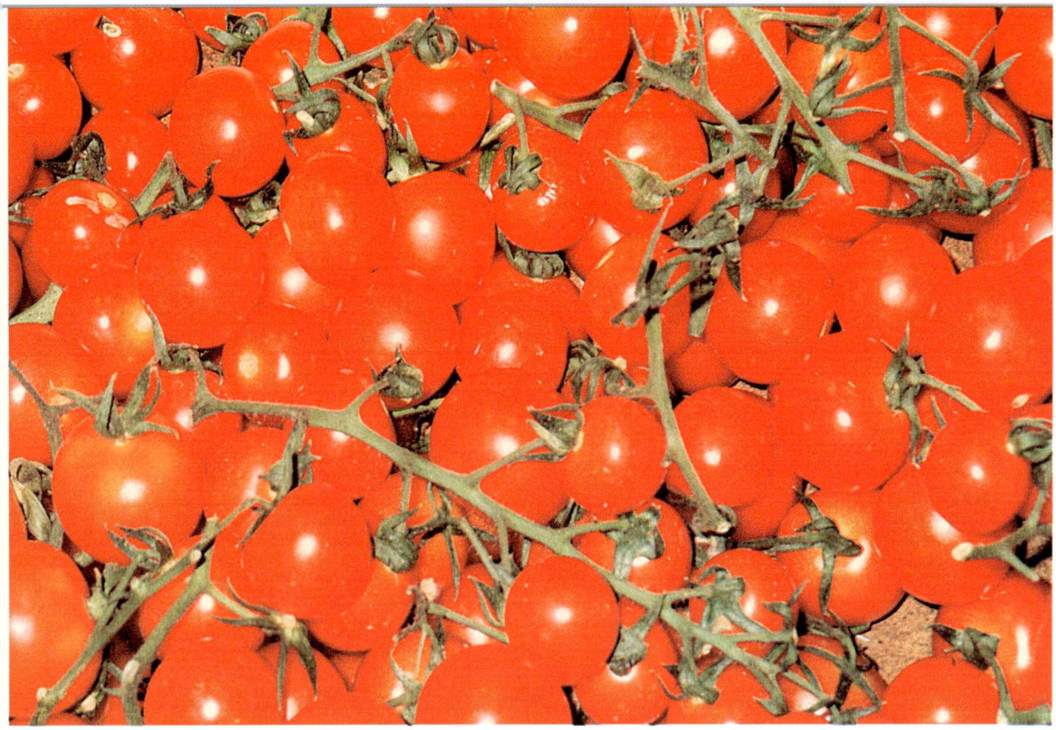

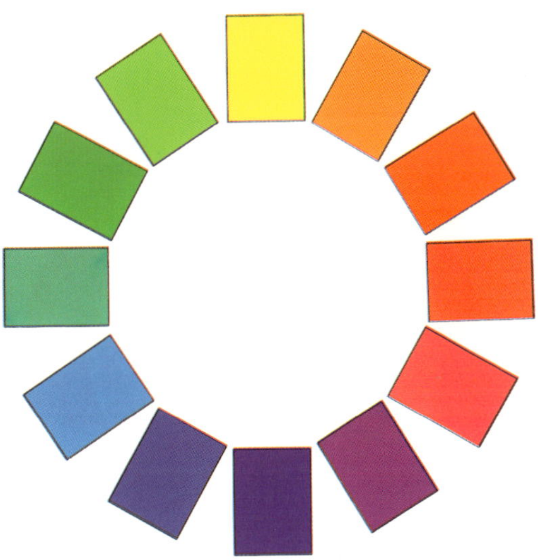

Farben haben eine emotionale Wirkung. Sie lösen Stimmungen aus. Das können wir nachvollziehen, wenn wir uns unsere Lebensumwelt ohne Farben vorstellen. Der Begriff des „grauen Alltags“ beispielsweise sagt etwas über die Wirkung der Farbe Grau aus: eintönig, langweilig, lähmend. Der Aufenthalt in einem Raum, der in einem warmen Gelb gestrichen ist, kann dagegen Wohlbefinden auslösen, Rot kann aufregen, aber auch anregen usw.

Farbe im System

„Es gibt viele unterschiedliche Farbsysteme und Farbtheorien, die versuchen, Farben nach bestimmten Eigenschaften – z. B. nach ihrem Wesen oder nach Naturgesetzen – zu ordnen. Physiker, Maler, Theologen, Astrologen und Philosophen haben Farbordnungen erstellt. Manche Farbsysteme ordnen die Farben als Würfel oder Pyramide an. Für ... die Kita (Anm. d. Verf.) hat sich die Kreisform bewährt. Darin sind die Primär-, Sekundär- und Komplementärfarben enthalten." So Petra Beutl in ihrem Buch: Fühl das Rot und sieh das Blau, Freiburg 1998.

Primärfarben sind Farben, mit denen man andere Farben ermischen kann, die sich selbst aber nicht aus anderen Farben ermischen lassen. Gelb, Rot und Blau sind Primärfarben.

Sekundärfarben sind Farben, die aus anderen Farben gemischt werden können.

Komplementärfarben sind die Farben, die sich im Farbkreis gegenüberliegen:
Grün und Rot,
Blau und Orange,
Gelb und Violett.
Diese Kombinationen erzeugen die größtmögliche „Spannung", die Farben in der Wirkung miteinander entfalten können.

Farbwirkung bei Kindern

„Farben und Kinder gehören einfach zusammen. Trotzdem kennen etwa fünfjährige Kinder mehr Wörter für Formen als für Farben. Zweijährige verwenden zuerst den Namen einer Grundfarbe, um alle anderen Farben damit zu bezeichnen, z. B. Rot. Danach lernen sie, ohne eine besondere Reihenfolge beizubehalten, die anderen drei Farbwörter, also Gelb, Blau und Grün. Erst wenn sie diese vier Farbwörter beherrschen, ordnen sie diese auch entsprechenden Farben zu. Kleine Kinder können schon relativ früh Farben unterscheiden, benennen diese aber sehr viel später."

Die Verbindung von Farbe und Sprache entwickelt sich also sehr spät. Obwohl Kinder die Farbwörter noch nicht sicher beherrschen, sortieren sie bereits im Alter von drei Jahren Gegenstände nach Farben. Rolf Oerter spricht in seiner „Modernen Entwicklungspsychologie" davon, dass schon Säuglinge Farben unterscheiden können. Schon kleine Kinder erkennen also die Vielfarbigkeit ihrer Umwelt.

Nachts sind alle Katzen grau

Farben wecken seit Urzeiten das menschliche Interesse. Schon der griechische Philosoph Aristoteles hat Farbtheorien verfasst. Farben können wir nur im Licht sehen. Das können wir mit den Kindern ausprobieren, wenn wir sie farbige Gegenstände in einem verdunkelten Raum suchen lassen. Der rote Ball ist natürlich immer noch rot, die Farbe kann ich jedoch erst in Verbindung mit Licht erkennen.

Die Welt einmal anders sehen

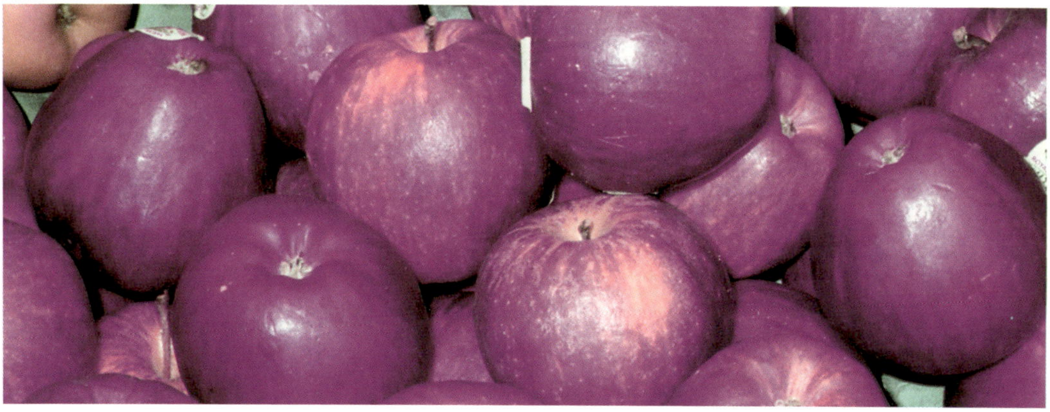

Machen wir uns mit den Kindern auf den Weg, die Welt der Farben und die Farben unserer Welt zu entdecken! Welche Farben finden sich in der Umgebung? Wie sähe die Welt mit anderen als den gewohnten Farben aus?
Ein interessantes Experiment ist, einmal die Umgebung durch eine farbige Brille anzuschauen. Wie sieht der Baum durch eine rosa Brille betrachtet aus? Oder wie verändert er sich, wenn ich ihn mit einer blauen Brille betrachte?
Kinder können sich diese Fragen beantworten, wenn wir ihnen Materialien zur Verfügung stellen, mit denen sie die Welt aus verschiedenen Perspektiven und mit verschiedenen Hilfsmitteln beobachten können. Hierzu gehören Utensilien wie Fernglas, Lupe, Oktoskop, Kaleidoskop, Mikroskop und Farbbrillen.

Farbbrillen herstellen

Für die Herstellung der Farbbrillen benötigen wir schwarzen Plakatkarton. Aus diesem Karton schneiden wir die Konturen einer Brille zweifach aus. Dabei sind fantasievolle Brillenformen gefragt. Farbfolien oder farbiges Seidenpapier bilden die Brillengläser bei diesem besonderen Brillenmodell. Die Folie bzw. das Papier wird zwischen die beiden ausgeschnittenen Brillenformen geklebt. Zum Schluss werden die Bügel angeklebt. Die fertige Farbbrille kann entweder individuell getragen oder an einem Ort befestigt und aufgehängt werden, sodass sie jederzeit dort benutzt und die Wirkung eines farbig veränderten Blicks auf die Umwelt ausprobiert werden kann.

Material

• schwarzer Plakatkarton
• farbige Folien • farbiges Seidenpapier
• Klebstoff • Scheren

Kreative Aspekte

• verschiedene Sichtweisen erleben
• erfahren, dass Dinge sich durch Farbe verändern

Experimentieren und gestalten

Farbe kann man auf vielerlei Art verarbeiten, man kann sie spritzen, spachteln, drucken, tropfen, wischen, rollen, pusten ... Die Kinder sollen die unterschiedlichsten Gestaltungsformen mit Farbe kennen lernen und ausprobieren. Für die Experimente benötigt man teils pastose (breiige), teils flüssige Farben. Die nötige Farbkonsistenz für die einzelnen Farbexperimente muss jeweils auf das Material und die gewünschten Effekte abgestimmt werden.

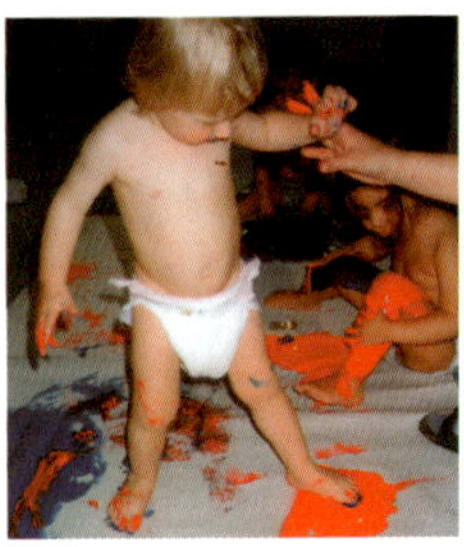

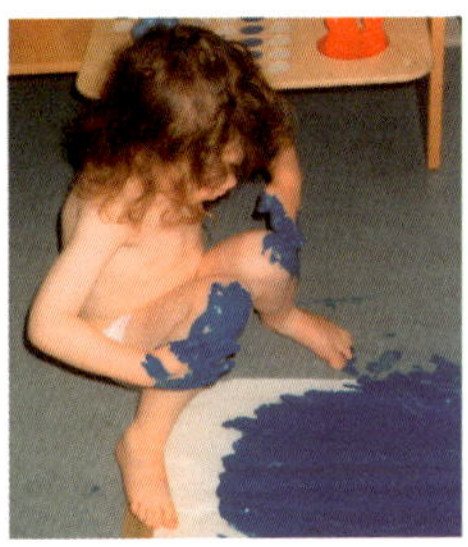

Farbe spritzen mit Einwegspritzen, Wassersprühern für Bügelwäsche, Wassersprühern für Pflanzen. Die Künstlerin Niki de Saint Phalle ist berühmt geworden mit ihren Farbspritzbildern, bei denen sie die Farbe mit einem Gewehr auf ihre Bilder geschossen/gespritzt hat.

Farbe spachteln mit Werkzeugspachteln und Backspachteln in unterschiedlicher Breite. In die gespachtelte Farbe können Muster mit Kämmen oder Spachteln, die an einem Ende eine Zackenreihe haben, gezogen werden.

Farbe drucken mit Schnüren, Korken, Wellpappe, Styropor, Spitzendeckchen, mit speziellen Farbrollen oder kleinen Backrollen. Monotypien (Einmaldrucke) entstehen, indem auf einen festen Untergrund (Glas- oder Holzplatte) Farbe mit einer Farbrolle aufgetragen wird. Danach legen wir ein Papier auf diese ausgerollte Farbe. Mit einer trockenen Malrolle gehen wir nun über dieses Papier und ziehen es dann ab. Dieser Druck ist einmalig, man kann das erzielte Resultat nicht noch einmal genau so reproduzieren.

Farbe tropfen mit unterschiedlichen Pinseln und viel flüssiger Farbe, mit Plastikbeuteln (Gefrierbeutel), die mit Farbe gefüllt sind und mit einem kleinen Loch versehen wurden, mit Plastikbechern, die ein kleines Loch im Boden haben. Der Künstler Jackson Pollock hat mit dieser Technik Kunstwerke erstellt.

Farbe wischen mit großen Pinseln, Besen, Schwämmen und Bürsten. Die Farbe wird auf großen Leinwänden oder Tapetenbahnen verwischt.

Farbe rollen mit Murmeln unterschiedlicher Größe. In den Deckel eines Kartons wird ein weißes Papier gelegt. Die Kinder nehmen den Papierdeckel mit dem Blatt in die Hände. Eine Murmel wird in Farbe eingetaucht, auf das Papier im Karton gelegt und dann durch Bewegung des Papierdeckels hin und her bewegt. Sie hinterlässt interessante Farbspuren auf dem Papier.

Farbe pusten mit Strohhalmen. Dünnflüssige Farben werden über ein Blatt Papier gepustet. Festes Pusten erzeugt Spritzmuster, wenn gleichmäßig gepustet wird, lassen sich gezielt Farbbahnen übers Papier ziehen.

Farben sammeln und sortieren

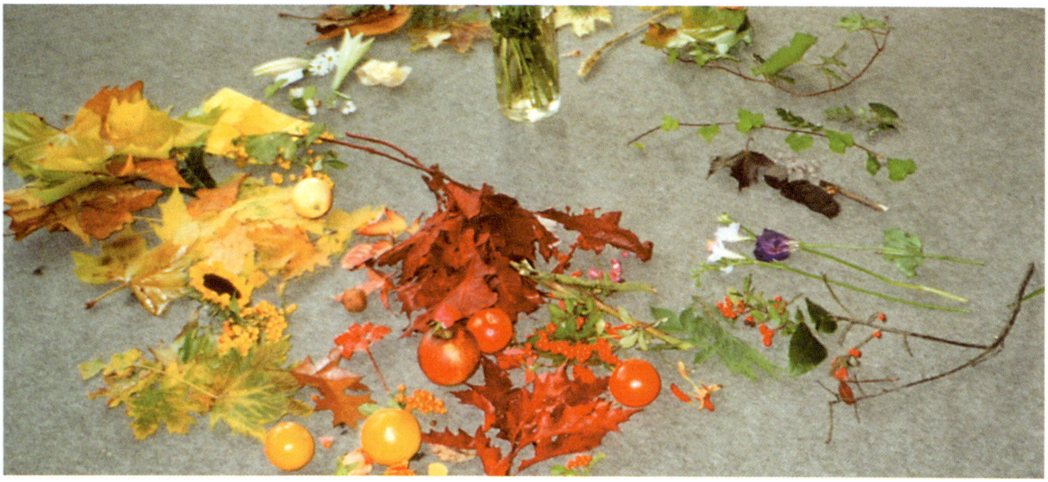

Gedanken zum Thema „Sammeln"

Sammeln und Sortieren ist der Beginn allen kreativen Arbeitens. Ich mache mich auf den Weg und sammle Ideen und Dinge, die ich zur Umsetzung meiner Ideen benötigen könnte. „Ich suche nicht, ich finde“, hat Picasso einmal gesagt. Beim Sammeln entstehen neue schöpferische Ideen und Gedankenblitze. Indem ich etwas für Wert befinde, gesammelt zu werden, gebe ich dieser Sache einen individuellen Wert. Hier geht es nicht darum, etwas zu besitzen, was Geldwert hat, sondern etwas zu schätzen, dem ich eine indivuelle Bedeutung und Wert gebe. Das bedeutet, wenn Kinder sammeln, können sie dabei lernen, „einfache“ Dinge wertzuschätzen. So entstehen oftmals „Sammelleidenschaften“, die die Kinder intensiv verfolgen. Über das Sammeln können Beziehungen entstehen und vertieft werden, denn die Kinder können ihre Fundstücke präsentieren, etwas zu ihrer Bedeutung erzählen und sie auch mit jemandem tauschen. Durch das Sortieren des Gesammelten entstehen Ordnungen und Kategorisierungen. Ich kann Dinge nach ihrer Größe, Länge, Materialbeschaffenheit, Form, Geruch, ihrem materiellen oder ideellen Wert oder ihrer Farbe sortieren. So hat das Sammeln und Sortieren für die kognitive Entwicklung der Kinder eine wichtige Bedeutung. Sie lernen erste Kategorisierungen und Begriffsbildungen entwickeln sich über eigenes Tun. Die Kinder können weiterhin Reihungen bilden, z. B. alle Steine zusammenlegen, alle Blätter, alle Blüten etc. Diese Sortierungen und Reihungen wecken in vielen von uns die Lust, eine Reihung oder Kategorisierung „vollständig“ haben zu wollen. Dieser Wunsch schärft dann wiederum unser Bewusstsein, die Umwelt genau zu beobachten, ob wir das Gesuchte und fehlende „Teil“ in ihr entdecken können.

Geschichten vom Farbensammeln

Beim Suchen und Sammeln von Farben können wir mit den Kindern Sammelleidenschaft entwickeln. Um Kinder zum Sammeln von Farben in der Natur zu motivieren, erzählen wir die Geschichte von „Frederick, dem Farbensammler" (von Leo Lionni, erschienen im Middelhauve-Verlag), der im Herbst für seine Mäusefamilie Farbeindrücke „sammelt" und im Gedächtnis bewahrt. Als der Frühling naht und alle Vorräte zum Essen fast verbraucht sind, erzählt Frederick seinen Mäusefreunden von den Farben, die er gesammelt hat, und von den Farben des Frühlings, der nun bald kommen wird. Mit den wunderschönen Farbgeschichten im Herzen und den Farben im Kopf können alle Mäuse den kalten Winter überstehen und freuen sich auf den herannahenden Frühling. Als eine weitere Möglichkeit, Kinder zur realen Farbensuche zu animieren, kommt in Betracht, mit ihnen eine Fantasiereise durch den Park, den Wald o. Ä. zu machen und zu schauen, welche Farben sie dort in ihrer Vorstellung finden können.

Die Natur schenkt uns die Farben

Die Geschichten sollen anregen, hinaus in die Natur zu gehen und dort Farben zu suchen: Welche Farben finden wir zu dieser Jahreszeit in der Natur? Die Kinder bekommen die Aufgabe, Farben zu sammeln, also jeweils ein Blatt, eine Blüte o. Ä. aufzuheben oder zu pflücken (vorsichtig und wenig), diese in einer Schatzkiste aufzubewahren und mit ins Haus zu nehmen. Gleichzeitig werden die Kinder gebeten, nach dem Sammeln einen Moment innezuhalten, sich umzuschauen und die Farben, die sie an diesem Ort wahrnehmen können, zu betrachten. Danach machen wir einen „Stillespaziergang" zurück, um so intensiv Farben auf uns wirken lassen zu können.

Wir machen eine Farbausstellung

Mit den gesammelten Naturfarben machen wir eine Farbausstellung. Wir legen die Farben als Farbfamilien aus. Farbfamilien bilden alle Farbtöne, die miteinander verwandt sind, z. B. alle Gelb-, Rot-, Blau-, Grüntöne usw. Wir beginnen mit Weiß, Gelb, Orange, Rot, legen Blau und Grün dazu und hören mit braunen und schwarzen Naturmaterialien auf. Immer wieder beeindruckend ist die Vielfalt der Farben, die wir zu jeder Jahreszeit finden können. Spannend ist es auch, innerhalb der einzelnen Farben Farbtöne zu sortieren. So überwiegen in den einzelnen Jahreszeiten bestimmte Farbtöne, im Frühling finden wir viele verschiedene Grüntöne, im Herbst vielfältige Rot- und Brauntöne. Der Sommer schenkt uns eine Palette von Bunttönen und der Winter vorwiegend Grau-, Schwarz- und Brauntöne. Bis auf Blau, das als Pflanzenfarbe eher selten vorkommt, können wir jedoch zu allen Jahreszeiten alle Farben finden.
Die gesammelten Naturfarben können wir als Farbkreis auslegen oder sie z. B. in schönen Schachteln in Form eines „Schachtelmuseums" ausstellen. Wir betrachten die Farbausstellung gemeinsam und die Kinder erzählen etwas zu ihren gesammelten Schätzen.

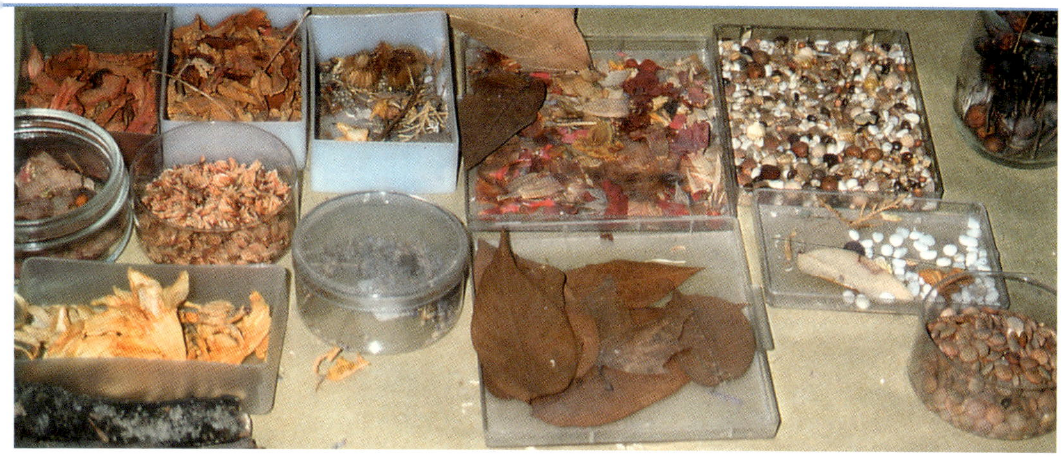

Material
• schöne Schachteln
• Naturmaterialien

Kreative Aspekte
• Farben in der Natur bewusst wahrnehmen
• Farbfamilien kennen lernen
• Farbtöne kennen lernen

Farbkreise aus Steinen

Wir können mit den Kindern die Farbfamilien selber herstellen. Wir mischen mithilfe der Primärfarben Rot, Gelb und Blau Farbtöne der einzelnen Farbfamilien und bemalen damit Steine, die wir zuvor gesammelt haben. Danach legen wir einen Farbkreis. Die Entstehung des Farbkreises, in dem die Kinder die Komplementärfarben erkennen können, ist in dem Buch von Eva Heller: „Die wahre Geschichte von allen Farben," (Lappan Verlag, Oldenburg 1994) wundervoll und für Kinder gut nachvollziehbar erzählt. Die Kinder können auch jeweils einen eigenen Farbkreis legen, indem sie der Reihenfolge der Farben ihre jeweils individuelle Bedeutung geben und beispielsweise zuerst die schönsten Farben, dann die weniger schönen und dann die Farben, die ihnen gar nicht gefallen, auslegen. Oder alle hellen Farben und alle dunklen Farben werden zusammengelegt. Hier können Kinder ihrer Fantasie freien Lauf lassen und sie weiterentwickeln.

Material
• Steine
• pastose (breiige) Temperafarben: Primärfarben und Weiß und Schwarz zum Mischen

Kreative Aspekte
• Farbkreis kennen lernen
• Farben mischen
• eigene Farbkreise erfinden

Mal-Farben selbst herstellen

Für Kinder kann es spannend und lehrreich sein, selber Malfarben herzustellen. So erfahren sie, dass man Farben nicht nur im Geschäft kaufen kann. Sie können nachvollziehen, wie Malfarben entstehen, welche Zutaten man dazu braucht. Man benötigt für alle Farben Farbstoffe bzw. Farbpigmente und Bindemittel. Die Farbstoffe kann man als Farbpulver kaufen oder man kann Farbstoffe aus Naturmaterialien selber herstellen.

Natürliche Pflanzenfarben

Hier können die Kinder mit ihren gesammelten Farben aus der Natur experimentieren. Die Pflanzenteile müssen dazu in einem Mörser gut zerkleinert werden. Danach werden sie mit heißem Wasser überbrüht und müssen eine Weile stehen gelassen werden. Danach gießt man den Farbsud durch ein Sieb. Folgende Färbepflanzen geben intensive Farbstoffe her:

- Blau: Holunderbeeren
- Gelb: Kamillenblüten

Die Kinder sammeln Beeren und Teile von verschiedenen weiteren Pflanzen und versuchen, einen möglichst intensiven Farbsud herzustellen. Wir können uns auch mit bereits fertigen Säften zur Farbherstellung behelfen.

Gekaufte Farbpigmente

Bei den industriell erstellten Farbpigmenten, die man in Pulverform kaufen kann, ist es wichtig, danach zu fragen, welche Farbpigmente ungiftig sind. Dies ist nicht bei allen der Fall. Manche Firmen bzw. Kindergartenausstatter haben Farbpigmente im Sortiment, die garantiert keine Giftstoffe enthalten und deshalb unbedenklich mit Kindern zu verwenden sind. Das Farbpulver muss mit etwas Wasser angerührt werden.

Notwendige Bindemittel

Die Farben, die wir aus den Färbepflanzen selbst hergestellt haben oder in flüssiger Form als Farbsaft gekauft wurden, benötigen kein zusätzliches Anrühren mit Wasser. Mit den so hergestellten Farben könnte man malen. Nach dem Trocknen lösen sie sich jedoch wieder vom Papier. Um das zu verhindern, müssen wir den Farben Bindemittel hinzufügen. Die Farbstoffe werden mit dem Bindemittel verrührt. So entsteht ein Farbbrei, mit dem gemalt werden kann und der auch nach dem Trocknen auf dem Maluntergrund haftet. Als natürliches Bindemittel kann Tapetenkleister dienen.

Experimentieren

Bei der Farbherstellung können die Kinder nach Herzenslust damit experimentieren, welche Farbe aus welcher Pflanze entsteht und welches Bindemittel welche Farbkonsistenz ergibt. Um die Ergebnisse ihrer Experimente festzuhalten, können sie sich ein Farbrezeptbuch anlegen.

Material

- verschiedene Naturmaterialien zum Gewinnen von Farbsaft oder fertiger Farbsaft
- bzw. Farbpigmente in Pulverform
- Kleister

Kreative Aspekte

- etwas selber herstellen, dadurch den Produktionsprozess nachvollziehen können
- mit Farben experimentieren

Ausdruck mit Farben

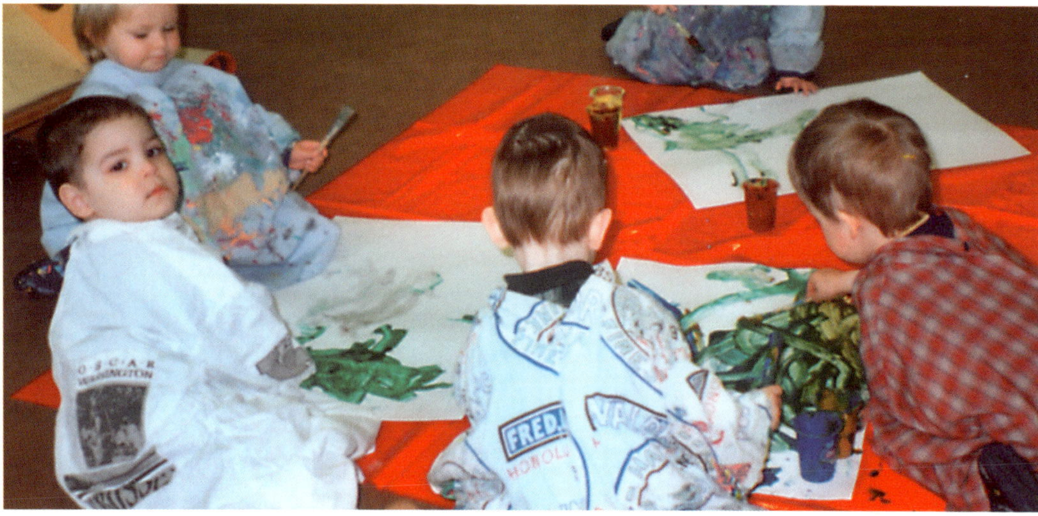

Farbe gibt uns die Möglichkeit, individuellen Eindrücken und Empfindungen, die wir haben, einen Ausdruck zu geben. Wenn wir diese Ausdrucksmöglichkeiten bei Kindern fördern, unterstützen wir sie darin, eigenen Empfindungen und Wahrnehmungen einen Ausdruck zu geben. Dabei gilt nicht der Maßstab: „Das ist richtig" oder „das ist falsch". Individueller künstlerischer Ausdruck entzieht sich diesen Kriterien. „Wir brauchen die Kreativität, um unser Ich zu entfalten. Diesen kreativen Prozess muss jeder alleine bewältigen. Auch jedes Kind vom Beginn seines Lebens an. Voraussetzung dafür ist Freiheit. Erzieher und Eltern können Kinder ermutigen und ihnen Anregungen und Raum schaffen." (Arbeitspapier zum Thema „Identität" aus Reggio/Emilia, in: Hundert Sprachen hat das Kind, Hrsg. Senatsverwaltung für Jugend und Familie, Berlin 1992).
Diese Ausdrucksmöglichkeit können die Kinder beim Gestalten von Farbleinwänden erproben.

Farbeindrücke gestalten

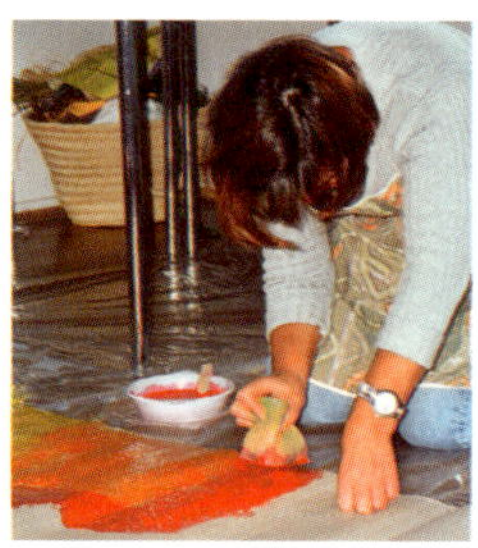

Zunächst schauen wir uns um und betrachten ein paar Minuten lang die verschiedenen Farben um uns herum. Anschließend halten die Kinder ihre Eindrücke auf einer große Farbleinwand (ca. 3 m x 0,50 m) fest und stellen so ihrem Eindruck einen Ausdruck gegenüber. Sie arbeiten gemeinsam in kleinen Gruppe, das heißt, sie müssen bei dieser Gestaltungsarbeit miteinander kommunizieren und kooperieren. Die Aufgabe ist es, gemeinsam eine Farbleinwand zu gestalten, mit den Farben, die jedes Kind individuell wahrgenommen hat. Die „Leinwand" sollte den Kindern die Möglichkeit bieten, großflächig und mit ausladenden Bewegungen malen zu können. Der Untergrund kann

Wellpappe (von beiden Seiten benutzbar) oder ein großes Bettlaken sein. Er muss reißfest und haltbar sein, um als Träger für eine große Farbmenge dienen zu können. Als Malwerkzeug sollte den Kindern etwas zur Verfügung gestellt werden, das das in diesem Fall geforderte „nichtgegenständliche" Malen und den Einsatz von Bewegung fordert. Das können sein: Schwämme, lange „Heizkörperpinsel", die mit Stöcken noch verlängert werden können, oder auch Kinderbesen. Alle diese Malwerkzeuge fördern die Lust, im „Farbrausch" zu gestalten, ohne sich an Vorlagen und Vorgaben halten zu müssen. Gleichzeitig wird die Entwicklung der Motorik der Kinder unterstützt. Selbstverständlich können die Kinder auch ihre Hände als Malwerkzeug benutzen.

Die Farbtöne, die die Kinder verwenden wollen, suchen sie sich aus dem angebotenen Farbsortiment aus oder mischen sie gegebenenfalls selber an, falls „ihre" benötigte Farbe nicht vorhanden ist. So können sie mit dem Mischen von Farben experimentieren. Als industriell hergestellte Farben eignen sich besonders gut Gouache-Farben. Sie haben die Konsistenz von Fingerfarben und behalten ihre Leuchtkraft auch nach Trocknen des Bildes. Für die Kleinsten eignen sich besonders Quarkfarben. Ansonsten können die Kinder hier wunderbar ihre selbst hergestellten Farben verwenden.

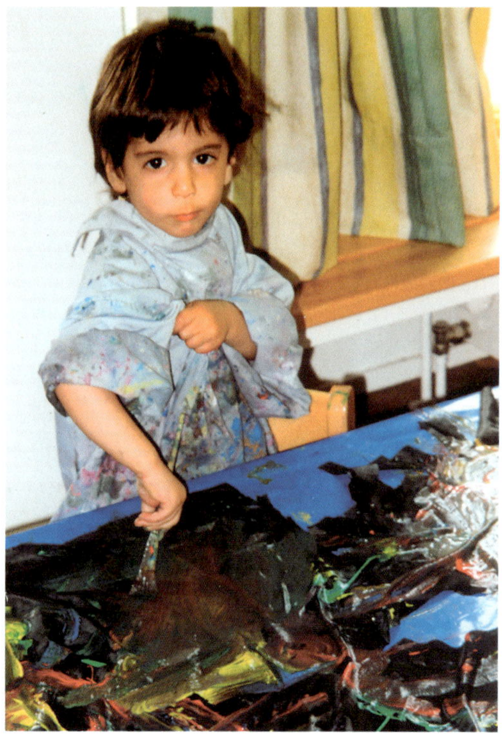

Material

- Wellpappe oder Bettlaken
- Schwämme
- lange gebogene Heizkörperpinsel
- Kinderbesen
- Gouache-Farben oder Fingerfarben: Primär- und Sekundärfarben
- Kleisterfarben

Kreative Aspekte

- Farben mischen
- mit Farben großflächig gestalten
- eigene Eindrücke umsetzen
- in Farben „schwelgen"

Gefühle sind wie Farben

Farben können Gefühle auslösen und mit Farben können wir Gefühle ausdrücken. Dieser Ausdruck ist immer individuell und kann deshalb auch sehr verschieden sein. Rot kann z. B. Ausdruck von Liebe sein, ebenso aber auch glühenden Hass und Aggression ausdrücken. Mit den Kindern können wir ins Gespräch über diese Wirkung kommen, wenn wir sie bitten, einem erlebten Gefühl eine Farbe zuzuordnen:
„Wenn ich traurig bin, dann ist die Welt …
Wenn ich mich geärgert habe, dann ist die Welt …
Wenn ich glücklich bin, dann ist die Welt …“
usw.
Hierzu folgendes Beispiel aus einer Kita. Die Kinder befassten sich während eines Projektes mit dem Thema „Gefühle“. Sie beschrieben verschiedene Gefühle, die sie kennen, und malten jeweils ein Portrait von einem Menschen, der sich so fühlt, wie sie beschrieben hatten. Nach Fertigstellung der Bilder sollten die Kinder ein farbiges Passepartout für ihre „Gefühlsbilder“ finden. Einige Beispiele sind hier abgebildet.

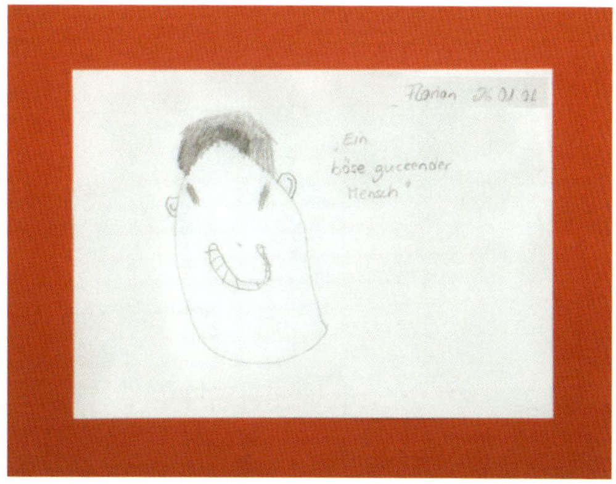

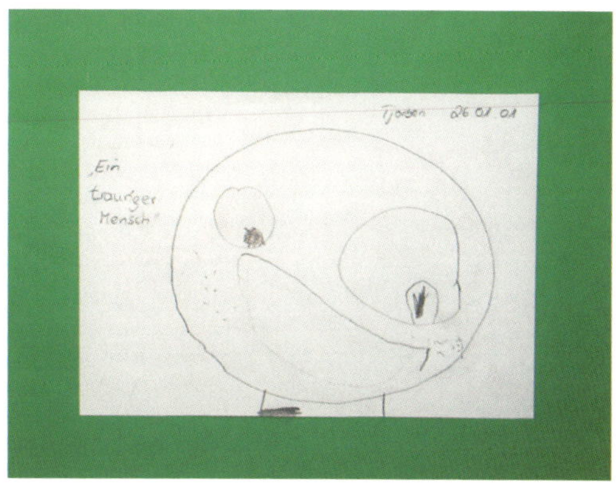

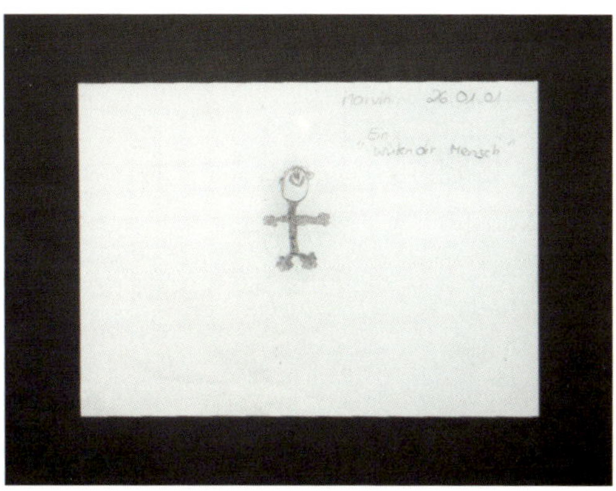

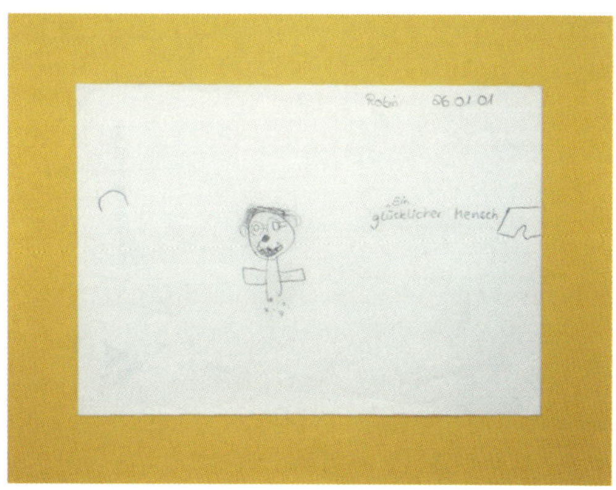

Ein lautes, stilles, trauriges ... Bild

Wir stellen den Kindern eine Sammlung verschiedener Kunstpostkarten zur Verfügung. Gemeinsam überlegen wir, welche Gefühlsqualität dieses Bild durch die jeweilige Farbgestaltung für jeden individuell hat: Das Bild ist ein ruhiges – das macht das Blau; das Bild ist ein fröhliches – das macht das Gelb; das Bild ist ein aufgeregtes – das macht das Rot; das Bild ist ein stilles Bild ... Bei dieser Zuordnung geht es nicht um die Frage, ob ein Kind etwas „richtig“ oder „falsch“ benennen kann, sondern seine individuelle Wahrnehmung und Sichtweise ist gefragt. Nach dieser Benennung legen wir die Bilder zusammen, die mit den gleichen oder ähnlichen Gefühlen benannt worden sind, und schauen, ob hier auch ähnliche Farben zusammenliegen. Wir können so vielleicht entdecken, mit welchen Farben welche Gefühle ausgedrückt werden. Hierzu ist es interessant, den Kindern auch Kunstpostkarten bei der Auswahl zur Verfügung zu stellen, auf denen Darstellungen mit „ungewöhnlichen“ Farben zu sehen sind, z. B. rotes Wasser, grüne Sonne etc.

Material

• Kunstpostkarten

Kreative Aspekte

• psychologische Wirkung von Farben erfahren
• Kunstwerke kennen lernen
• Einfühlungsvermögen
• Gefühle ausdrücken

Farbe und Musik

Wir hören gemeinsam mit den Kindern ein Musikstück. An lange, vorn abgewinkelte Heizkörperpinsel werden Stöcke zur Verlängerung am Pinselstiel mit Schnur befestigt. Als Malunterlage kann ein Papier in sehr großem Format (ca. 2 m x 2 m) dienen. Nun hören wir das Musikstück ein zweites Mal, jedes Kind entscheidet sich für eine Farbe, von der es findet, sie paßt zur Gesamtstimmung des Musikstücks. Danach malen die Kinder unter Einsatz von Bewegung im Rhythmus und in Stimmung des Musikstückes ein Gemeinschaftsbild. Sie können beim Malen auch den Standort wechseln. So malt dann jeder aus einer anderen Bildperspektive weiter.
Eine andere Möglichkeit, Musik in Farbe umzusetzen, ist es, die Kinder in Einzelarbeit zu einem Musikstück kleinformatiger (DIN A2 oder DIN A1) mit mehreren Farben ihrer Wahl malen zu lassen. Danach werden alle Bilder zu einem Gesamtbild zusammengelegt. So kann man den unterschiedlichen individuellen Ausdruck der Kinder erkennen und hat ein Gesamtbild einzelner Sichtweisen zu einem Musikstück. Bei der Auswahl der Stücke ist es interessant, möglichst nach Instrumentalauswahl, Stimmungen und Tempi unterschiedliche Stücke auszuwählen.

Material

• Pinsel • Farbe • Papier • Musik

Kreative Aspekte

• Töne in Farbe und Bewegung umsetzen

Einzelne Farben erforschen

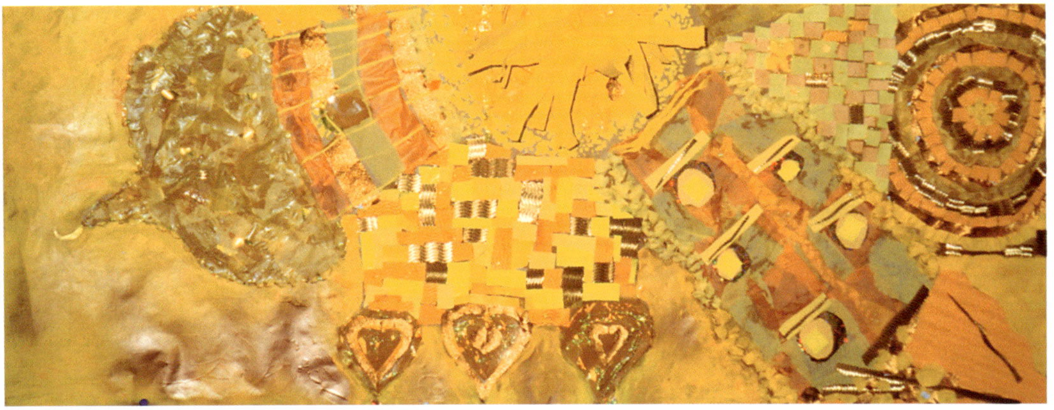

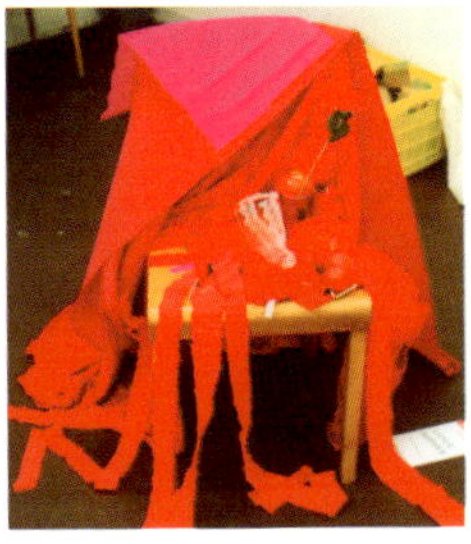

Neben der Beschäftigung mit vielen Farben, mit der uns umgebenden Farbigkeit, ist es für die Kinder spannend, sich auch mit „nur" einer Farbe zu beschäftigen. Die unterschiedlichen Farbtöne und -nuancen können so differenzierter wahrgenommen werden und der Blick wird dafür geschärft, wo diese eine Farbe überall zu finden ist. Über die Konzentration auf eine Farbe können die Kinder ihre jeweilige Wirkung deutlich spüren.

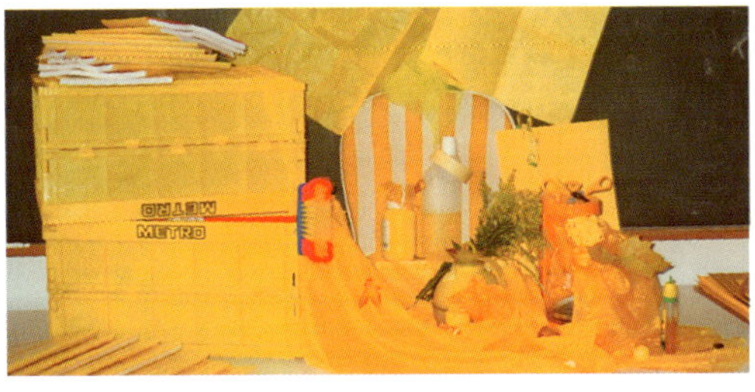

Wir bauen ein Farbobjekt

Wir bitten die Kinder, Dinge in der Farbe mitzubringen, mit der wir uns gerade beschäftigen. In der Kita schicken wir sie dann noch auf die Suche nach weiteren Fundstücken der entsprechenden Farbe. Die gesammelten Gegenstände tragen alle in einer „Farbschatzsammlung" zusammen. Sie kann an einem besonderen Ort zunächst einmal ausgestellt und präsentiert werden. Danach wird aus allen Fundstücken ein gemeinsames Kunstwerk/Farbobjekt gebaut. Nach der Fertigstellung können die Kinder ihm einen Namen geben und vielleicht etwas dazu erzählen, woher dieses „Objekt" kommt.

Material

- gesammelte Gegenstände in einer Farbe

Kreative Aspekte

- sammeln
- etwas Fantasievolles bauen

Farbassoziationen sammeln

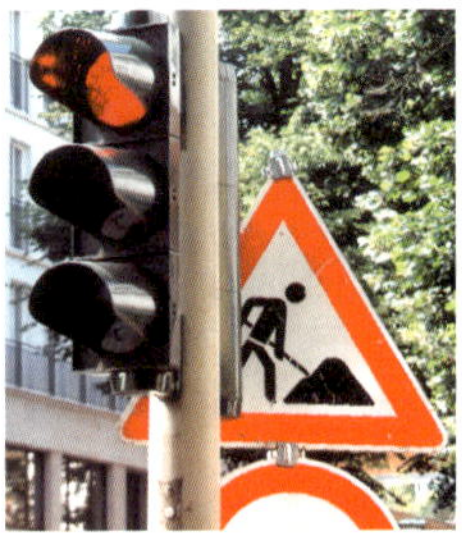

Sammeln Sie gemeinsam mit den Kindern Farbwörter, Ideen und Assoziationen zu jeweils einer Farbe. Beim Sammeln können Fragen weiterhelfen, etwa: Wo kommt überall Rot vor? Welche Lebensmittel und Getränke sind rot? Welche roten Pflanzen und Tiere kennen wir? Kennt ihr „rote“ Geschichten oder/und „rote“ Lieder? Welche Berufe benutzen die Farbe rot? Die folgende Auswahl kann als kleiner Ideenfundus und Anregung zum Weitersammeln dienen:

Farbe Rot

Farbwörter

Hellrot – Dunkelrot – Rubinrot – Magentarot – Erdbeerrot – Kirschrot – Rosarot – Pink – Himbeerrot – Blutrot – Signalrot – Scharlachrot

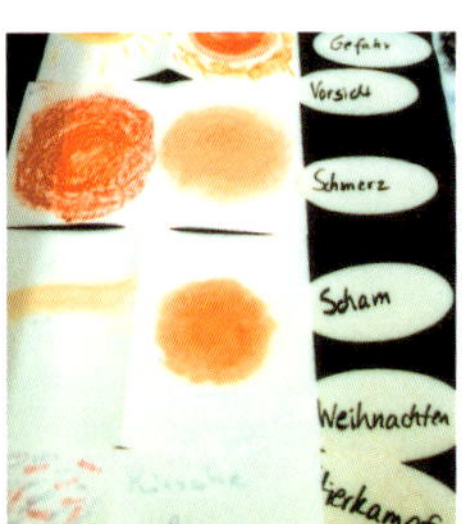

Assoziationen/Rotwörter

Gefahr – Stierkampf – rote Ampel – Weihnachten – rot vor Scham – Vorsicht – Blut – Wut – Schmerz – Liebe – Teufel – Feuer – Wärme

Rote Lebensmittel und Getränke

Erdbeeren – Kirschen – Himbeeren – Tomaten – Johannisbeeren – Paprika – Radieschen – Äpfel – Rotwein – roter Traubensaft – roter Wackelpudding – Himbeerbonbons

Rot in der Natur

Rosen – Tulpen – Dahlien – Hagebutten – Rotbuche – Fuchs – Rotkehlchen – Rotbarsch

Rote Geschichten und Lieder in der Kinderliteratur

Rotkäppchen – die rote Zora – Rot, rot, rot sind alle meine Kleider

Rote Berufskleidung

Feuerwehrmänner – Müllmänner (Signalrot/Orange)

Wo sonst noch?

rote Verkehrsschilder – rote Backsteinhäuser – rote Dachziegel

Farbe Blau

Farbwörter

Hellblau – Dunkelblau – Türkisblau – Meerblau – Jeansblau – Nachtblau – Taubenblau – Himmelblau

Assoziationen/Blauwörter

Wasser – Urlaub – Himmel – Blaulicht – blauer Brief – Schlümpfe

Blaue Lebensmittel und Getränke

Heidelbeeren – Auberginen – Holunderbeeren – Weintrauben

Blau in der Natur

Enzian – Stiefmütterchen – Lavendel – Glockenblume – Blauwal – Blaukehlchen

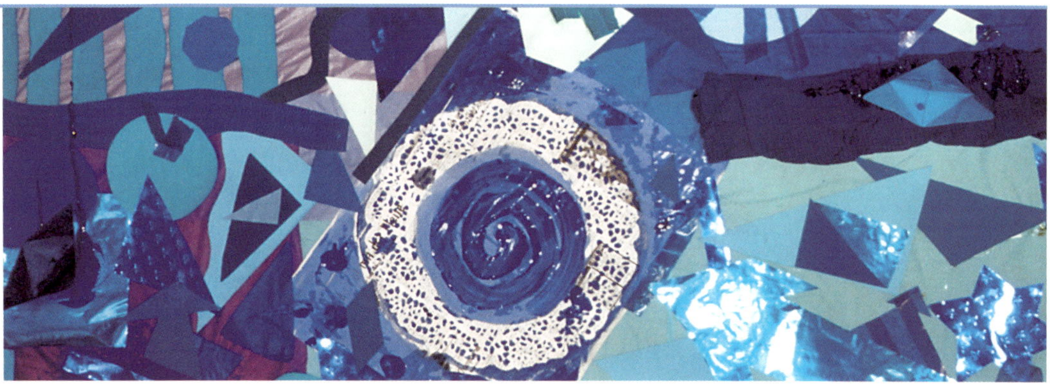

Blaue Geschichten

- Das Märchen vom blauen Licht (Gebrüder Grimm)
- Kennt ihr Blauland? (Tina Rau, Geislingen 1988)
- Blauer Hund (Nadja, Frankfurt/M. 1995)

Blau als Farbe für Berufe

Matrose – Kapitän – in Italien und Frankreich: Polizei

Wo sonst noch?

Schilder für Fußgängerwege

Eine Farbcollage gestalten

Verschiedene Papiere einer Farbe in unterschiedlichen Qualitäten und Ausführungen auf einem Bild versammelt, lassen die Wirkung dieser Farbe deutlich werden. Farbtöne und Nuancen werden sichtbar und klar unterscheidbar.

Für diese Bildgestaltung sammeln wir mit den Kindern unterschiedliche Papiere und Pappen in jeweils einer Farbe, z. B. Grün. Es können auch einfarbige Papiere selbst hergestellt werden, indem die Kinder weißes Papier und Pappen mit unterschiedlichen Strukturen (Raufasertapete, Tortendeckchen, Wellpappe usw.) mit verschiedenen Farbtönen einer Farbe anmalen. Danach werden die Farbpapiere in verschiedene Formen geschnitten und gerissen und ohne Zwischenräume als Collage auf ein großes Plakatpapier geklebt. Das fertige Bild bekommt von den Kindern einen Titel. Bei dieser Arbeit wirkt eine vielfältige Materialauswahl sehr anregend.

Material

• weißes, graues, braunes Papier zum Bemalen • Transparentpapier, Seidenpapier, Bananenpapier, Wellpappe, Tortendeckchen, Plakatkarton, Fotokarton, Glanzpapier, Tapeten, Packpapier, Butterbrotpapier, großes Plakatpapier (ca. 1,20 m x 1,50 m) • Temperafarben, pastose Farben in Grüntönen • Weiß und Schwarz zum Mischen • Pinsel

Kreative Aspekte

- großflächiges Gestalten
- Formen schneiden und reißen
- collagieren

Farb-Guckkasten mit Geschichte

Wir gehen gemeinsam auf die Suche nach farbigen Materialien, die die Kinder für den Bau eines Farb-Guckkastens verwenden können. Wichtig ist eine große Auswahl an Gestaltungsmaterialien. Damit die Sammlung möglichst umfangreich wird, sollten die Kinder auch von zu Hause Materialien in verschiedenen Farben mitbringen. Gemeinsam können die mitgebrachten Schätze dann nach Farben sortiert und in den Kästen verarbeitet werden. Die Kinder entscheiden selbst, in welcher Farbe (oder in welchen Farben) sie ihren Guckkasten gestalten wollen. Beim Arrangieren der farbigen Materialien im Guckkasten sollen die Kinder ihrer Fantasie freien Lauf lassen.
Der Guckkasten entsteht aus einem Schuhkarton. In eine der beiden Schmalseiten des Kartons wird ein „Guckloch" hineingeschnitten. Danach wird der Deckel des Kartons mit einer Prickelnadel vielfach durchstochen und dann auf den fertig gestalteten Karton gesetzt. Wird der Karton jetzt unter eine Lichtquelle gehalten, sodass das Licht durch die Löcher des Deckels in den Kasten fällt, ergeben sich wunderschöne Lichteffekte, die gleichzeitig die Farbwirkung noch potenzieren.

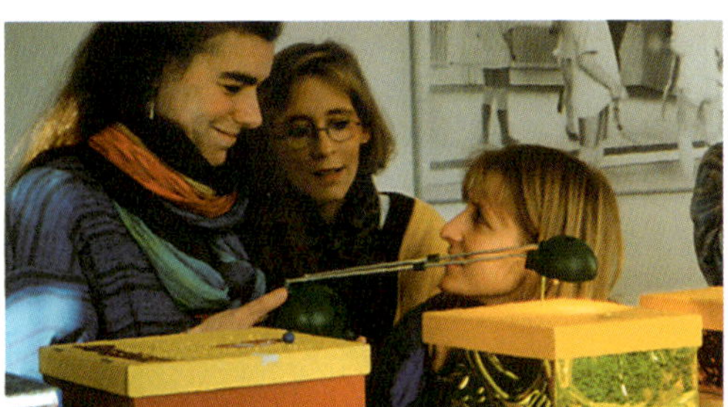

Der Inhalt des Kastens sieht aus, als sei er vom Sternenhimmel zauberhaft beleuchtet.
Die Kinder betrachten nun ihren Farbkasten und die Farbkästen der anderen Kinder. Sie überlegen sich Geschichten, die zu den farbigen „Landschaften" passen, die sie sehen.

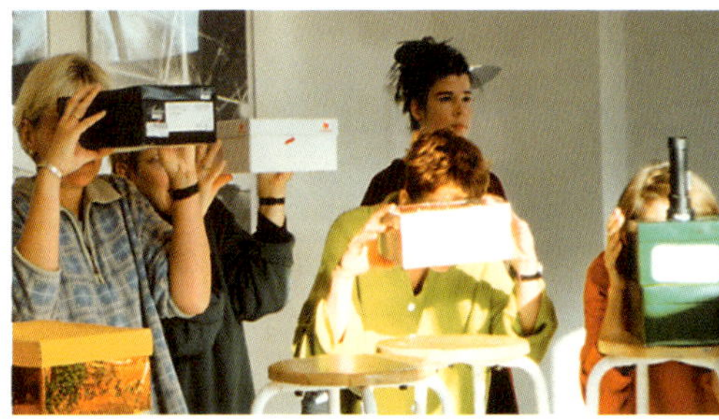

Material

• Schuhkarton • Prickelnadel • Schere
• verschiedene Papiere jeweils in einer Farbe: Seidenpapier, Transparentpapier, Glitzerfolie
• kleine Spiegelmosaiken (für Tiffany-Arbeiten)
• kleine Spielfiguren und andere Sammelobjekte in einer Farbe • Pfeifenputzer
• transparente Dekorationsschnur

Kreative Aspekte

• dreidimensionales Gestalten und Arrangieren mit Farbe
• Wertschätzung gesammelter Gegenstände der Kinder
• Anregungen zur sprachlichen Umsetzung des Gesehenen

Ein Farb-Elfchen schreiben

Gemeinsam mit den Kindern wird ein Gedicht zu einer Farbe geschrieben. Die Form des „Elfchens“ ist hierbei für Kinder sehr ansprechend und einfach in seiner Struktur. Die Bezeichnung „Elfchen“ weist darauf hin, dass dieses Gedicht elf Worte enthält. Für diese „Dichterarbeit“ sind sicherlich die „Großen“ in der Kindergruppe gefragt. Vielleicht können hier auch die Eltern den Kindern ein „Farb-Elfchen“ schenken, das sie dann mit in den Kindergarten bringen.

Regeln zum Verfassen eines „Elfchens“

• Die erste Zeile besteht aus einem Wort, einer Farbe;
• die zweite Zeile sind zwei Wörter: ein Gegenstand in dieser Farbe;
• die dritte Zeile sind drei Wörter, ein Gegenstand in genauer Bestimmung, das heißt wo befindet sich der Gegenstand, was tut er, welche Eigenschaft hat er;
• die vierte Zeile besteht aus vier Wörtern, die mehr über den Gegenstand erzählen, eventuell ein Satz;
• die fünfte Zeile ist ein Wort, der Abschluss.

Zum Beispiel:
Blau
Das Wasser
Huuh, wie kalt
Ich tauche schnell ein
Erfrischung

Material

• „schönes" Schreibpapier
• Stifte in der Farbe, über die man die Elfchen schreibt

Kreative Aspekte

• sprachlicher Ausdruck von Farbempfinden
• gezieltes Assoziieren

Ein farbiges Kunstwerk betrachten

Wir betrachten mit den Kindern Kunstwerke (Bilder und Skulpturen), die der Künstler mit nur einer Farbe oder vorwiegend in einer Farbe gestaltet hat. So können die Kinder sehen und erfahren, dass sich auch Künstler mit dem Eigenwert von Farbe befasst haben. Hierzu eignen sich beispielsweise:
Yves Klein: Venus bleue, 1961
Josef Albers: Huldigung an ein Quadrat: Weiter Ruf, 1967
Robert Rauschenberg: rotes Gemälde (1953) und Goldgemälde (1953 und 1955)
Beeindruckend ist es natürlich, wenn Kinder solche farbigen Kunstwerke real in einer Ausstellung, einem Museum betrachten können.

Ein farbiger Tag

Besonders viel Spaß bedeutet für Kinder die Gestaltung und das Erleben eines farbigen Tages. Wir bitten die Kinder, sich an einem vorher festgelegten Tag alle in einer Farbe anzuziehen. Dies wirkt besonders gut, wenn wirklich alle Kleidungsstücke in dieser einen Farbe ausgewählt werden. Unterschiedliche Farbtöne sind natürlich gefragt. Vielleicht kann beim Auswählen der Kleidungsstücke auch der Verkleidungsfundus der Kita Passendes liefern.

Folgende Ideen können an allen „einfarbigen" Tagen ausprobiert werden:

- Alle Kitaräume (alternativ: der Eingangsbereich oder nur ein Raum) sind mit Stoffen und Krepppapier in einer Farbe gestaltet.
- Das Frühstück und das Mittagessen sind vorwiegend in der Farbe des Tages zubereitet.
- Es gibt zwischendurch etwas zum Naschen in der Farbe des Tages.
- Ein Farbbuch wird ausgelegt, in dem die Kinder alle Farbschnipsel einkleben, die sie an diesem Tag in dieser Farbe finden.
- Die Kinder veranstalten eine Modenschau mit Kleidungsstücken in der Farbe des Tages. Hier sind fantasievolle Kostüme gefragt, bei denen Hüte, Schmuck etc. selbst hergestellt werden können. Bei einem Gelbtag beispielsweise können wir für eine gelbe Modenschau folgende Materialien auswählen: gelbes Krepppapier, gelbe Luftballone, gelbe Müllsäcke, gelbe Stoffe und Tücher.

Material

- Stoffe, Tücher und Krepppapier in einer Farbe
- ein DIN-A-4-Buch
- Lebensmittel in der Tages-Farbe

Kreative Aspekte

- Einbringen der Tages-Farbe in konkrete Situationen und Anlässe
- Umsetzen der Farbvorgabe

Ideen zum blauen Tag

Fotos von Blautönen des Wassers und des Himmel

Die Kinder schließen sich in Kleingruppen zusammen und bekommen einen Fotoapparat (eventuell Einwegkameras). Sie fotografieren den Himmel zu verschiedenen Tageszeiten mit seinen Blautönen; ebenso können Blautöne des Wassers fotografiert werden. Sind die Fotos entwickelt, wird eine Blaufotoausstellung zusammengestellt. Bei dieser Ausstellung können gegebenenfalls Kunstpostkarten, Kalenderblätter oder Bilder aus Zeitschriften mit Abbildungen von Himmels- und Wasserbildern ergänzt werden.

Gestalten einer transparenten Folie als Wasser- und/oder Himmelsbild

Die Blautöne (gegebenenfalls auch Grau- und Grüntöne) des Wassers bzw. Himmels, die die Kinder auf ihrer Fotosafari wahrgenommen haben, können auf einer transparenten Folie als Wasser- oder Himmelsbild gestaltet werden.

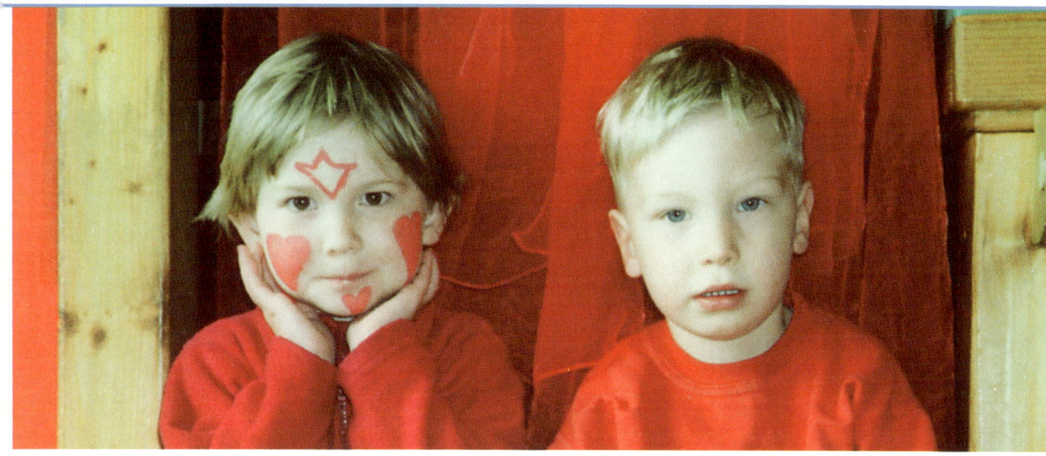

Hierzu kann als Untergrund eine reißfeste Abdeckplane (dicke Malerfolie) benutzt werden. Man bekommt sie in Baumärkten. Auf dieser Folie können die Kinder mit Glasmalfarben arbeiten. Diese speziellen Farben unterstreichen den transparenten Aspekt des Wasser- bzw. Himmelsbildes. Außerdem können Acrylfarben zur Bemalung der Folien genutzt werden. Andere Farben lösen sich nach dem Trocknen von der Folie ab oder lassen sich überhaupt nicht auf Folie vermalen.

Wir richten einen „blauen Salon" ein

Wie könnte ein blauer Salon aussehen? Hier ist die Fantasie aller Beteiligten gefordert. Zielführende Fragen an die Kinder könnten sein: „Was ist ein Salon? Was macht man in ihm? Wie soll unser blauer Salon aussehen?“ Ist die Gestaltungsarbeit beendet, gibt es eine Entspannungsphase zur „blauen Stunde“ und etwas zu essen.

Blaue Mahlzeit

Wir essen blaue Weintrauben und trinken Holunderbeersaft.

Ideen zum gelben Tag

Sonnenblumen pflücken

Gemeinsam werden Sonnenblumen gepflückt und in der Kita genau betrachtet. Mit einer Lupe lassen sich auch die kleinsten Kleinigkeiten erkennen. Dann zeichnen die Kinder die Sonnenblume oder vielleicht auch nur Teile der Blume, etwa ein Blütenblatt, ein Teil des braunen Blüteninneren. Dazu können wir uns das berühmte Sonnenblumenbild von van Gogh ansehen: Stilleben mit Sonnenblumen. Die Kinder überlegen: Welche gelben Blumen gibt es sonst noch?

Safran macht den Kuchen gelb ...

Wir backen Waffeln, die wir mit Safran oder Kurkuma gelb färben. Oder es gibt Maiskolben in Butter und zum Nachtisch Zitronenlimonade, Ananas und Bananen.

Ideen zum grünen Tag

Eine Reise in die „grüne Hölle“

Die Kinder sollen raten, was wohl eine „grüne Hölle“ sein könnte. Der wild wuchernde Urwald mit seinen vielen Grüntönen wird in der Kita nachgestaltet. Dann werden wir zu Dschungelforschern und begeben uns auf Dschungelsafari. Wir überlegen, was wir an Ausrüstung dafür benötigen. Gemeinsam mit den Kindern überlegen wir, welche Tiere und Pflanzen wir dort finden und vielleicht gibt es auch ein Dschungelabenteuer zu bestehen.

Dschungelbild

Das Bild „Überrascht!“ (1891) von Rousseau zeigt einen Dschungel (z. B. in: Henri Rousseau, Traumreise in den Dschungel, München 1997, Umschlagbild), in dem viel Interessantes zu entdecken ist. Gemeinsam wird das Bild betrachtet. Wer möchte, kann sein eigenes Dschungelbild malen.

Verdi, die grüne Schlange

Wir amüsieren uns gemeinsam beim Vorlesen der Geschichte von „Verdi“, der grünen Schlange (geschrieben von Janell Cannon, erschienen im Carlsen Verlag, Hamburg 1998).

Ideen zum roten Tag

Rot ist die Liebe

Welche Farbe wählt jemand, der einen Liebesbrief schreiben will? Gibt es auch Zeichen und Symbole für diesen Brief? Woran erkennt der Empfänger, dass das ein Liebesbrief ist, den er erhält? Diese Fragen können wir Kindern stellen, um mit ihnen über die symbolische Zuordnung der Farbe Rot als Ausdruck von „Liebe“ ins Gespräch zu kommen. Wir fordern sie auf, Liebessymbole zu malen, stellen ihnen rote „Liebestinte“ zum Schreiben zur Verfügung und entwerfen „Liebesbriefpapier“. Wer den jeweiligen Liebesbrief bekommt, bleibt natürlich geheim, ebenso wie die Zeichen und Symbole geheim bleiben können. Der Brief kann mit „echter“ roter Tinte und Schreibfedern geschrieben werden.

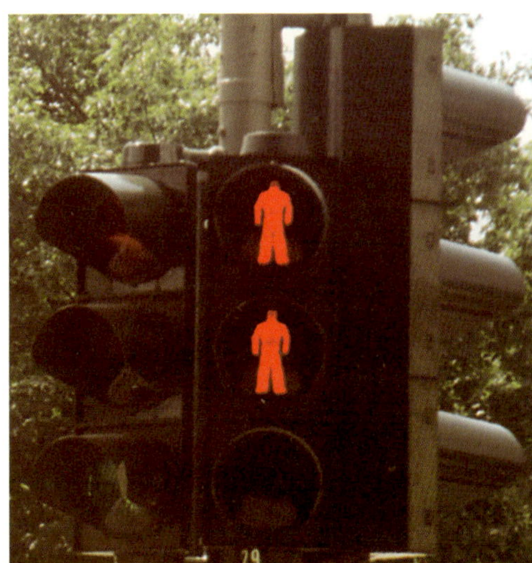

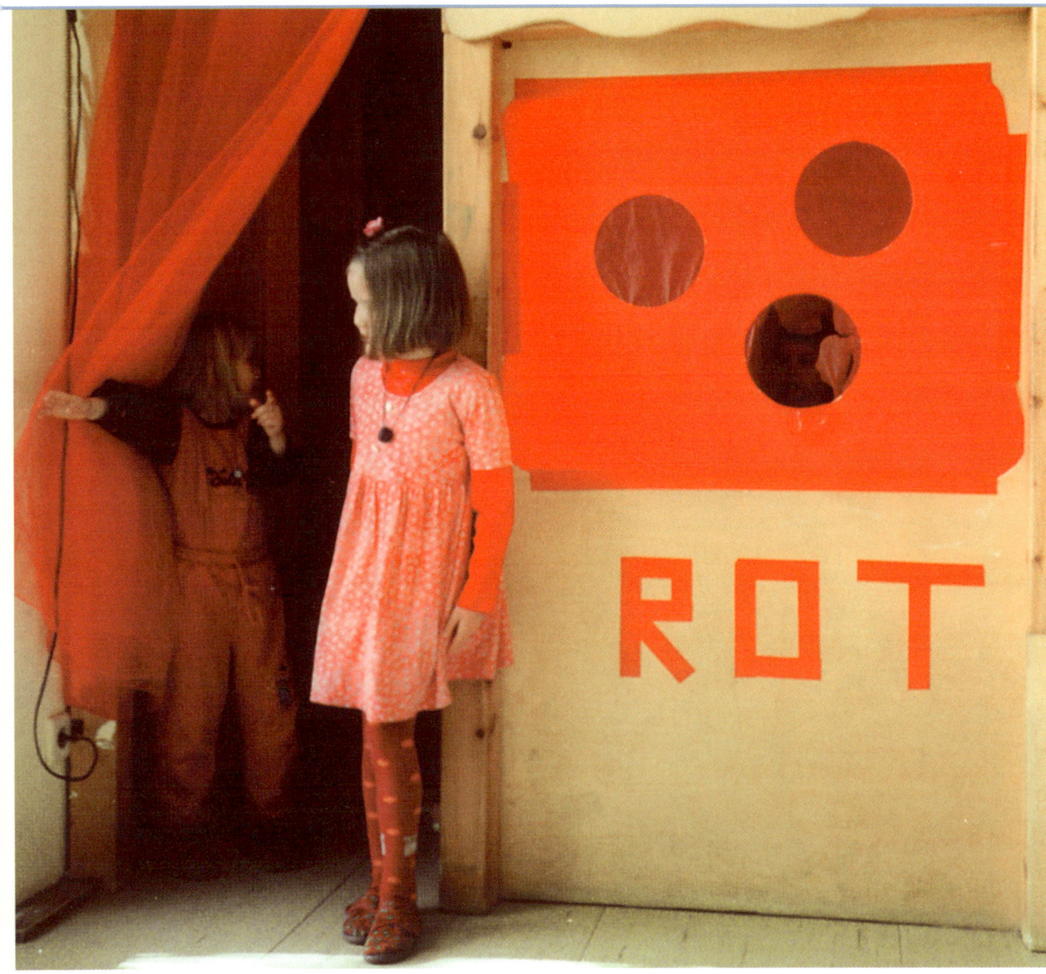

Rosenrot

Gemeinsam werden rote Rosenblätter in verschiedenen Farbnuancen gesammelt. Die Rosenblätter können als Tischschmuck am „roten Tag" eingesetzt werden. Sind sie getrocknet, können die Kinder kleine Duftsäckchen daraus herstellen.

Warnendes Rot

Wir machen mit den Kindern einen „Rotspaziergang" und machen uns auf die Suche, wo die Farbe Rot uns warnen soll (rote Ampel, Verkehrsschilder, Absperrbänder). Die Ergebnisse können mit einem Fotoapparat festgehalten werden.

Ideen zum goldenen Tag

Heut wohnen wir im Königspalast
Gold ist die Farbe des Reichtums und des Glanzes. Dies können Kinder lustvoll nachvollziehen, wenn sie einen Raum in einen Königspalast verwandeln dürfen. Hier sollte dann an vielerlei Orten Goldfolie benutzt werden und bunte Perlen und Knöpfe stellen Edelsteine dar. Natürlich gibt es eine goldene Tür, die in den Palast führt. Der Königsstuhl ist aus purem Gold und die Teller und Kelche der Königsfamilie sind golden.

Friedensreich Hundertwasser in der Kita
Der Künstler Friedensreich Hundertwasser hat Häuser entworfen und gebaut, die an Märchenschlösser und -paläste erinnern. Auch in seinen Bildern benutzt er immer wieder Gold als Gestaltungsmittel. Mit den Kindern können wir uns Hundertwasserhäuser anschauen und Pläne für Wunsch-Kinder-Häuser entwerfen. Die Bilder von Hundertwasser erinnern an Ornamente und Friese. Wir können mit den Kindern Friese für die Kita entwerfen, in denen dann auch sicherlich viel „Goldenes" vorkommen wird.

Gold-Märchen
Wir lesen Märchen, in denen Gold eine wichtige Rolle spielt: Goldmarie, Der Froschkönig, Hans im Glück, Rumpelstilzchen ...

Ideen zum schwarz-weißen Tag

Schattentheater
Ein großes, weißes Bettlaken wird quer im Raum wie eine große Leinwand aufgehängt. Dann wird das Zimmer verdunkelt und eine starke Lichtquelle wirft den Schatten verschiedener Alltagsdinge auf die weiße Leinwand. Die Kinder sitzen auf der anderen Seite vor der Leinwand und raten den Gegenstand: ein Küchenabtropfsieb, eine Flasche, eine Gabel, ein Kuscheltier, ein Spielzeugauto usw. Die Farben der Dinge verwandeln sich auf der Schattenleinwand in Schwarz-Weiß.

Zebras, Dalmatiner und Knabstrupper
Hat das Zebra schwarze Streifen auf weißem Fell oder ist das Fell schwarz und hat weiße Streifen? Dieser Frage können die Kinder nachgehen, wenn sie Zebras betrachten und sie malen. Die gleiche Frage könnte sich auch beim Dalmatiner oder einer schwarz-weiß gefleckten Kuh stellen. Wir sammeln Abbildungen von schwarz-weißen Tieren. Hier bringen die Kinder vielleicht ein Lieblingsposter von zu Hause mit. Das Pferd von Pippi Langstrumpf „Kleiner Onkel" ist übrigens ein schwarz-weißer Knabstrupper.

Schwarz-weiße Mahlzeit
Wir naschen weiße Marshmellowmäuse und schwarze Lakritzschlangen.

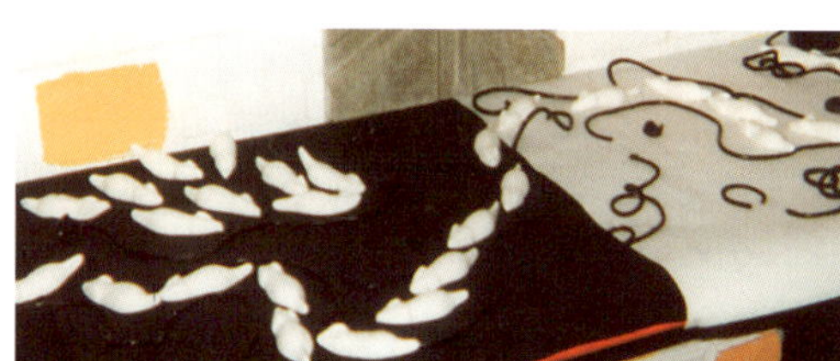

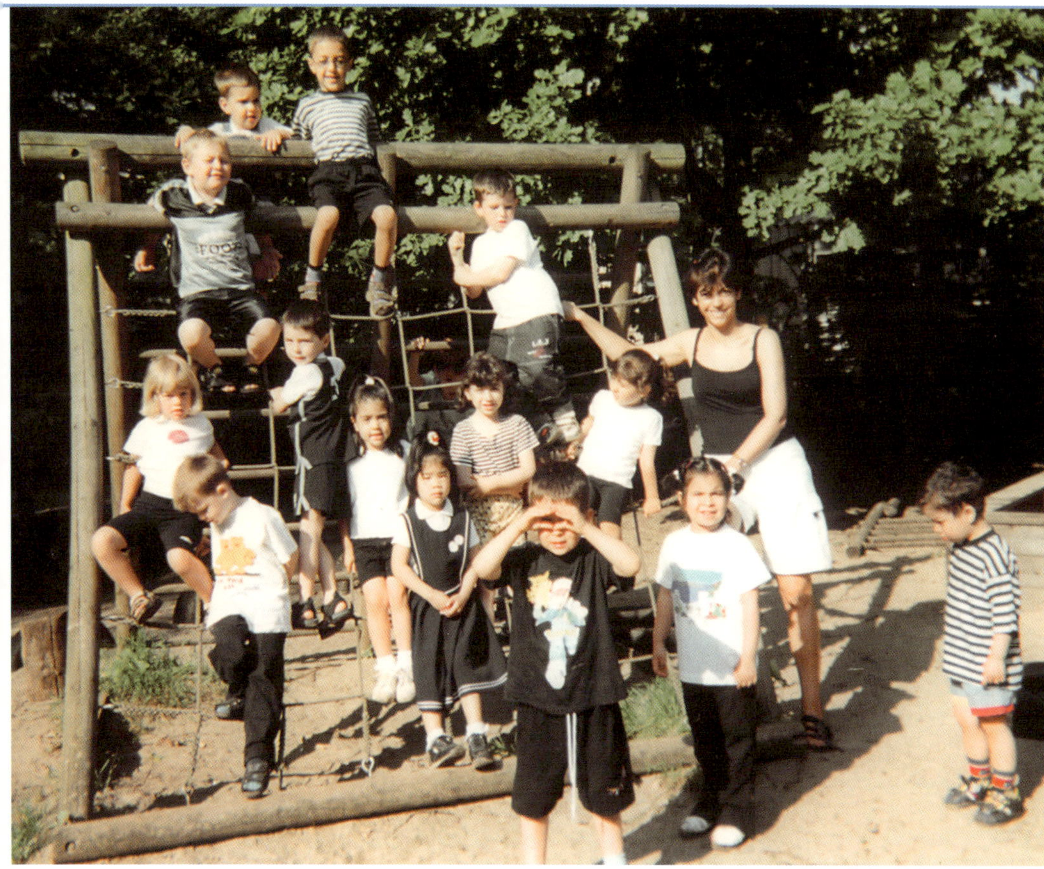

Schwarz-weiße Zauberbilder

Interessante Gestaltungen mit Schwarz-Weiß sind möglich, wenn ein schwarzer Fotokarton mit der Schere mehrmals eingeschnitten, auseinander gezogen und die einzelnen schwarzen Teile danach auf einen hellen Untergrund aufgeklebt werden. So entstehen interessante Hell-dunkel-Effekte bzw. ein Positiv-negativ-Bild. Schwarz-weiße graphische Muster in Bewegung produzieren optische Täuschungen. Um das nachvollziehen und ausprobieren zu können, zeigen wir den Kindern Abbildungen und Objekte. Der Architekt und Künstler Kükelhaus hat z. B. mit solchen optischen Täuschungen experimentiert. Wir können dann selber solche schwarz-weißen Zauberbilder herstellen. Dazu benötigen wir eine Holzscheibe oder eine Schallplatte (Durchmesser 33 cm). Auf diesen Untergrund malen wir schwarz-weiße graphische Muster. Die Scheibe wird mit einer Schraube und Unterlegscheiben an der Wand befestigt. So lässt sie sich dann drehen. Bei der Drehung verändern sich die statischen Bilder zu bewegten Bildern.

Farbe mit allen Sinnen erleben

Es gibt einen engen Zusammenhang zwischen sinnlicher Anregung und aktivem Lernen. Deshalb ist es wichtig, die Wahrnehmungsvorgänge und die gesamten Sinne der Kinder zu aktivieren und zu intensivieren. Die sinnliche Wahrnehmung von Farben trägt zu diesem Prozess bei.

Farben sehen

Eine stabile durchsichtige Folie aus dem Baumarkt wird ausgebreitet und von mehreren Kindern wie ein Schwungtuch festgehalten. Die Erzieherin gießt etwas Wasser auf die Folie. Die Haltenden bewegen nun die Folie leicht auf und ab, sodass das Wasser zu fließen beginnt, aber nicht über die Ränder hinausschwappt. Nach und nach kann etwas Lebensmittelfarbe dazugegeben werden, sodass der Effekt von farbig fließendem Wasser zu beobachten ist. Gleichzeitig können auch noch verschiedene Mischeffekte der Farben beobachtet werden. Einige Kinder legen sich unter die Folie, um dies zu beobachten. Sanfte Musik kann den entspannenden Effekt dieses Spiels erhöhen.

Material

• ungiftige Malerfolie • wasserlösliche Farben

Eine Farbe fühlen

Dass man Farben fühlen kann, können wir für Kinder erlebbar machen, indem wir die Fenster eines Kita-Raumes mit Krepppapier oder farbigem Stoff verhängen und uns dann längere Zeit in diesem Raum aufhalten. Die Kinder können sich darüber austauschen, wie es ihnen in diesem farbigen Raum geht. Die Wirkung von Farbe auf unseren Körper kann man nachweisbar messen. „Die gegensätzlichen Farben in Bezug auf Körperreaktionen sind Rot und Blau. Durch Untersuchungen hat man festgestellt, dass ein Mensch, der einige Zeit einer Rotbestrahlung ausgesetzt ist, anders reagiert als einer, der im Blaulicht sitzt. Der Puls verändert sich, der Blutdruck wird beeinflusst, der Hormonhaushalt empfindlich getroffen, ja selbst die Gedanken und Träumereien, die entstehen, werden verschieden beeinflusst.“ aus: Seitz a. a. O. S. 15. Die Erzieherin kann hier die farbigen Gedanken und Träumereien der Kinder aufzeichnen (Notizen oder mit Kassettenrekorder aufnehmen).

Material

• Krepp- oder Seidenpapier • Kassettenrekorder

Farben schmecken

Wir eröffnen die „Wunder-Bar“. In dieser Wunderbar kann man Farben schmecken. Dazu stellen wir den Kindern Obst und Säfte zur Verfügung. Das Obst wird klein geschnitten und die Säfte in ganz kleinen Bechern angeboten, sodass die Kinder nur mit kleinen Schlucken trinken und probieren. Den Kindern werden die Augen verbunden. Danach bekommen sie jeweils drei verschiedene Dinge zum Schmecken. Sie sollen die Farbe der Frucht oder des Saftes erraten und sich dann alle drei Farben merken. Nachdem ihnen die Augenbinde abgenommen wurde, malen sie diese drei Farben auf ein Blatt Papier und sortieren aus dem Gesamtangebot der Wunderbar die geschmeckte Frucht oder den

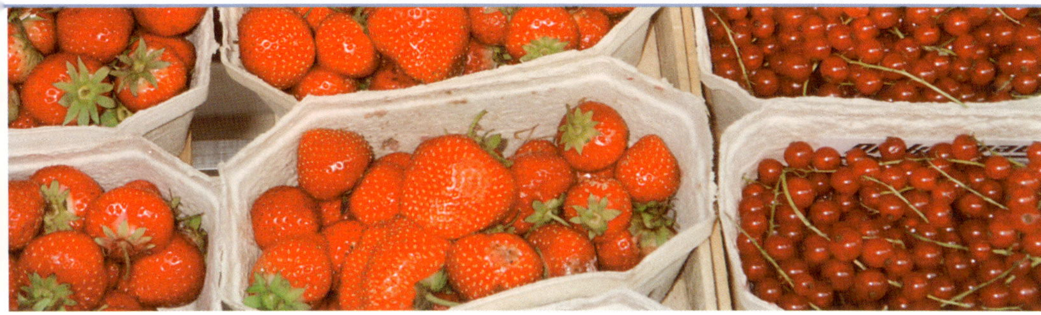

Saft ihrem gemalten Bild zu. Wenn man die Kinder nur eine Frucht oder einen Saft probieren lässt, kann man sie bitten, eine Farbe für ihren Geschmack zu finden und sie mit Ölpastellkreiden auf ein Blatt Papier zu bringen. Lässt man alle Kinder das Gleiche probieren, hat man so am Ende eine Palette in der Regel unterschiedlicher Farben, die denselben Geschmack ausdrücken.

Material

• Obst und Fruchtsaft • Augenbinde
• Ölpastellkreiden • farbige Tücher

Farben hören

Farben haben Klänge. Mit Farbklängen haben u. a. die Künstler des Bauhauses wie Klee und Kandisky experimentiert. Hierzu können wir mit den Kindern Kunstwerke, die so entstanden sind, betrachten, z. B. Joan Miro: Der Gesang der Vokale, 1966, oder Paul Klee, Junger Wald, 1925, abgebildet in: Alison Cole: Farbe, Stuttgart 1994. Damit Kinder Farbklänge erspüren können, bitten wir sie, die Augen zu schließen. Dann erzeugen wir mit verschiedenen Instrumenten (Xylophon, Flöte, Gitarre, Zimbel usw.) Klänge und bitten die Kinder, zu dem Klang jeweils eine Farbe zu nennen. Eine weitere Möglichkeit ist, den Kindern verschiedenfarbige Tücher zur Verfügung zu stellen, aus denen sie jeweils eins auswählen und zeigen, nachdem sie einen Klang gehört haben.

Material

• verschiedene Instrumente • farbige Tücher

Farben riechen

Ebenso wie mit den Klängen können wir auch mit verschiedenen Düften verfahren. Wir lassen die Kinder an Früchten, Gewürzen und Duftölen riechen und bitten sie, diesem Geruch eine Farbe zuzuordnen.

Material

• verschiedene Düfte z.B. Zitronenduft, Rosenseife, Zimt, Kakao • farbige Tücher

Kreative Aspekte

• Farben erkennen • Intensiv die Sinne schulen
• etwas differenzierter erkennen durch Ausschaltung eines Sinnes • zuordnen lernen
• individuellen Ausdruck finden

Literatur

- „Gefühle sind wie Farben" gleichnamiger Titel des Buches von Aliki, Weinheim 1995
- Petra Beutl: Fühl das Rot und sieh das Blau, Christophorus Verlag, Freiburg 1998
- Janell Cannon: Verdi. Carlsen Verlag, Hamburg 1998
- Eva Heller: Die wahre Geschichte von allen Farben. Lappan Verlag, Oldenburg 1994
- Hundert Sprachen hat das Kind. Arbeitspapier zum Thema „Identität" aus Reggio/Emilia. Herausgegeben von der Senatsverwaltung für Jugend und Familie, Berlin 1992
- Johannes Itten: Kunst der Farbe. Seemann Verlag, Leipzig 1991
- Leo Lionni: Frederick und die Farben. Middelhauve Verlag, München 1992
- Rolf Oerter: Moderne Entwicklungspsychologie. Auer Verlag, Donauwörth 1987
- Marielle Seitz/Rudolf Seitz: Rot, Gelb, Blau und alle Farben. Don Bosco Verlag, München 2000
- Traumreise in den Dschungel. Henri Rousseau. Herausgegeben von Susanne Pfleger. Prestel Verlag, München 1997

Danke!

Ich danke der Kita Kinderschlupf dafür, dass sie mir die Fotos von ihrem Farbprojekt zur Verfügung gestellt haben. Ebenso geht mein Dank an die Kita Redderblock!

Impressum

www.herder.de
Umschlaggestaltung und Layoutentwurf:
R•M•E Roland Eschlbeck/Rosemarie Kreuzer
Layout und Produktion: art und weise, Merzhausen
Titel-Foto: Michaela Jordan
Fotos: Christel van Dieken
Redaktion: Martin Stiefenhofer
Herstellung: fgb – freiburger graphische betriebe 2003
www.fgb.de

ISBN 3-451-27133-8